ÉLOGE

DU

DOCTEUR ROCHE

PRONONCÉ

AU CONSEIL D'HYGIÈNE ET DE SALUBRITÉ PUBLIQUE

DU

DÉPARTEMENT DE VAUCLUSE

SOUS LA PRÉSIDENCE DE M. LE PRÉFET

PAR

Le Docteur CADE.

Membre dudit Conseil, Médecin en chef de l'Hôtel-Dieu.

AVIGNON,

TYPOGRAPHIE ET LITHOGRAPHIE DE BONNET FILS.

1859.

NOTICE BIOGRAPHIQUE

SUR LE

DOCTEUR ROCHE.

***

Roche naquit en 1770, à Robions, petite commune du département de Vaucluse, aux pieds du Mont Luberon, sur les rives du Coulon, et à 8 kilomètres de Cavaillon, patrie de César de Bus, fondateur de l'Oratoire.

Le goût de l'étude se développa de bonne heure chez le jeune Roche. Vivant dans un milieu rempli des souvenirs du fondateur de l'Oratoire, à un âge où les impressions sont vives, Roche conçut le désir d'entrer chez les Oratoriens.

Quand il se présenta aux pères de l'Oratoire, on

reconnut en lui de l'aptitude aux travaux de l'intelligence et il fut admis dans cette Congrégation célèbre ,
d'où sont sortis les Mallebranche , les Massillon et les
Rollin , et dont les débris fournirent plus tard à
M. de Fontanes , ses plus célèbres professeurs.

A cette école, Roche acquit cette rectitude de jugement , cette logique, cet art de démêler le vrai du
faux , que donnaient seuls les exercices de l'argumen-
tation , noble gymnastique où les facultés de l'intelligence se développaient comme les forces musculaires
se développent dans nos gymnases. On a blâmé à tort
ces longues luttes de l'intelligence, ces pugilats de la
pensée, qui occupaient une si large place dans les
écoles de philosophie des siècles antérieurs. C'est là
cependant que s'étaient formés les penseurs les plus
profonds, même de nos sociétés modernes.

Le torrent révolutionnaire ayant emporté l'Oratoire
comme les autres corps religieux, Roche fut forcé de
rentrer dans la maison paternelle.

Les loisirs que lui avaient fait la République, ne lui
allaient pas. Il lui fallait une profession, où il put ali-
menter son ardeur pour l'étude ; la médecine se présenta à son ambition, la médecine dont les dogmes
offrent à l'intelligence un horizon illimité.

Roche, d'ailleurs, n'était pas le premier de sa famille qui entrait dans la carrière de la médecine. Il
avait, à Avignon, un oncle, le docteur Brouillard,
associé de l'Académie de chirurgie, qui avait envoyé
des mémoires estimés à cette société célèbre, et qui
pratiquait avec distinction la médecine à Avignon. Ce
fut probablement d'après les conseils de Brouillard que

Roche préluda à l'étude de la médecine par celle de la pharmacie. Il entra comme élève dans la pharmacie Lurie.

A cette époque, la chimie sortait du cahos; elle avait reçu de Stalh, comme un premier souffle de vie; c'était une belle statue qui se dégageait sous les coups du ciseau. Roche trouvait là un aliment à son ardeur pour l'étude.

Il s'initiait à la connaissance des médicaments et de leur préparation, connaissance qu'il mettait plus tard si heureusement à contribution dans l'exercice de la médecine; mais, dans une officine, Roche était trop à l'étroit. Avignon n'avait pas alors ses cours publics de chimie et de physique, et Roche sentait le besoin de s'éclairer au contact des lumières qui jaillissent de l'enseignement oral d'une Faculté. Il vint donc à Montpellier.

L'école de Montpellier était à cette époque dans toute la splendeur de sa gloire. Les lumières de Barthez et de Chaptal, le savoir et l'éloquence de Gouan, de Baumes, de Dumas dans les chaires publiques, les talents de Fouquet et de Broussonnet, dans la clinique médicale et dans la pratique particulière, jetaient sur Montpellier un éclat qui, d'après le docteur Pariset, se réfléchissait sur l'Europe, et éclipsait toutes les écoles du monde civilisé.

A Montpellier, Roche était au comble de ses vœux : riche bibliothèque, savantes leçons, condisciples éclairés; avec cette triple source d'instruction, une grande ardeur pour l'étude et une vaste mémoire au service d'un bon jugement; qu'on se figure, si l'on peut, les progrès que dut faire Roche en peu de temps, dans l'étude de la médecine. La clinique interne était surtout l'objet de sa prédilection. La connaissance approfondie qu'il avait de la langue latine lui permettait de lire les meilleurs auteurs dans cette langue, qui était, à cette époque, la langue du monde savant.

Dans son dernier acte probatoire, Roche laissa entrevoir l'instruction qu'il avait acquise dans la moderne *Cos*. Il choisit la fièvre pour sujet de sa thèse ; la fièvre, dont l'étude approfondie serait comme un cours complet de pathologie ; la fièvre, sur laquelle toutes les générations médicales ont bâti des systêmes.

Dans la première partie de sa thèse, Roche examine les doctrines de Galien, de Fernel, de Boherrave, de Grimaud et de Vanhelmont sur la fièvre. Il s'engage dans ce dédale de théories, fouille dans ces alluvions, et exhume, des couches diverses de ce terrain, des symptômes dont aucun ne lui paraît devoir satisfaire aux exigences d'une saine logique.

Dans la seconde partie de sa thèse, Roche expose en praticien, et soumet à une analyse sévère les phénomènes caractéristiques de la fièvre. Il ne voit dans la *fièvre* qu'un accident, un symptôme. N'anticipe-t-il pas ainsi sur les progrès ultérieurs de la médecine ? Ne dirait-on pas ces lignes écrites vingt ans plus tard. Les développements qui suivent sur la pathogénie et la symptomatologie de la fièvre, ne sont pas au-dessous de ce niveau.

Les limites de cet éloge m'obligent à ne pas parler des considérations de notre jeune clinicien sur les périodes de spasme et de détente des fièvres, sur les applications de la distinction des forces en *radicales* et *agissantes*, sur l'oppression et la résolution de ces mêmes forces dans les fièvres.

En un mot, cet opuscule sur la fièvre était bien propre à faire connaître à ses maîtres, ainsi que le souhaite Roche, le zèle avec lequel il se livre à l'étude d'un art qu'ils enseignent avec tant de succès et de gloire.

En jetant les yeux sur cette thèse, on voit que Roche, dès son entrée dans la carrière, possédait l'instrument par excellence, l'esprit d'analyse qui sépare les choses, afin de ne les unir que par leurs rapports.

Au commencement du siècle, à l'époque où Roche vint exercer la médecine à Avignon, cette ville était remarquable par les hommes distingués qu'elle offrait dans diverses carrières.

Nous ne parlerons pas des Maury, des Boulogne, de ces princes de l'éloquence, ni des Vernet qui brillaient loin de leur pays natal; mais nous signalerons ces intelligences d'élite, que le préfet Stassart avait réunies pour former l'athénée de Vaucluse.

Là, brillaient Hyacinthe Morel, homme de lettres distingué; Pamard, qui avait reçu de son père un bel héritage de gloire, et le transmit à son fils, comme on se lègue ailleurs, de génération en génération, des joyaux de famille; Clément, élève distingué du professeur Boyer; l'avocat Dupuy, célébrant en beaux vers, les illustrations vauclusiennes, et transmettant à son fils, M. Dupuy, chef de division au ministère de l'intérieur, qui préside si dignement notre Conseil général, un dévouement illimité à son pays; de Roussel, amateur passionné des beaux-arts ; Thomas, ce magistrat zélé qui, d'une main poursuivait le crime et de l'autre demandait, dans un intérêt social, des secours pour les prisonniers libérés.

Roche ne tarda pas à faire partie de cette société. Il voulut, lui aussi, fournir son tribut de labeur. Il n'avait pas mûri assez longuement les dogmes de la médecine, pour pouvoir composer sur ce sujet un mémoire qui offrît de l'intérêt aux hommes spéciaux qui faisaient partie de la société. L'hygiène a quelque chose de plus positif et de plus à la portée de toutes les intelligences ; aussi, pour son mémoire à l'athénée de Vaucluse, Roche prit un sujet d'hygiène.

Il intitula son mémoire : *Réflexion sur les dangers qui naissent de certains costumes des femmes.* Ce sujet avait excité la verve sarcastique de Jean-Jacques Rousseau, qui avait dit qu'une femme en corset avait l'air *d'être coupée en deux comme une guêpe.*

Notre auteur ne prend pas le ton de déclamation de Jean-Jacques : « Ce sont, dit-il, de simples con- »seils que j'offre.... On ne verra j'espère, dans mes »pensées, que l'expression du zèle d'un médecin qui »attache bien plus de satisfaction à prévenir les mala- »dies qu'à les guérir. » On a eu raison de dire que le style, c'est l'homme ; Roche se peint parfaitement dans ces quelques lignes.

Il s'élève d'abord contre les vêtements qui laissent une partie du corps à découvert. « Que de maux en- »traîne cette pernicieuse habitude, surtout à Avignon, »s'écrie-t-il, sous le ciel d'Avignon, où les vicissitudes »atmosphériques sont très-fréquentes..... Là est le

» principe des fluxions de tout genre; la moins cruelle.
» serait celle qui ne détruirait que l'ornement de la
» bouche. » Plus loin, il s'élève contre les *corsets*, ces
machines compressives portant un audacieux défi à
la nature qui, tôt ou tard, s'en venge cruellement.

Il est à remarquer que la pression des corsets porte
principalement sur l'enveloppe molle ou élastique des
viscères où se trouvent les sources de la vie.

Ce fait est si généralement reconnu, que si une
femme tombe en syncope dans une assemblée, un cri
s'élève de toutes parts : *Délacez-la*. On coupe le fatal
lacet, la victime respire, renaît; mais le lendemain
elle reprend le corset, tant le malicieux démon de la
mode est inexorable et puissant (1). Que la même
personne éprouve un profond chagrin, les forces se
dépriment, la vie se concentre sur certains organes;
elle sent de la *pesanteur* sur la poitrine, le cœur *se
serre ;* voilà la porte ouverte aux maladies du cœur,
aux tubercules du poumon et aux hémopthisies, en
un mot, à la perversion de toutes les fonctions de la
vie; car, comme elles sont disposées en cercle, en
troubler une seule, c'est les troubler toutes.

Avait-il raison, le docteur Roche, d'apporter sa
pierre à la digue du torrent dévastateur des santés?
Faut-il lui en tenir compte? Hélas! Jean-Jacques,
dont les paroles de feu ont volcanisé les États, n'a
rien gagné contre les corsets, rien absolument, selon
Reveillé-Parise. Que pourra donc notre jeune docteur
contre les exigences tyranniques de la mode? Rien,

____

(1) Reveillé-Parise.

non plus ; mais derrière ses efforts , il nous laissera contempler son dévouement à ses concitoyens.

Le docteur Roche exerçait la médecine à Avignon depuis quatre ans, quand il fut appelé à Montpellier, comme expert, dans un procès de contrefaçon d'un appareil de distillation breveté, entre deux chimistes célèbres. Cette mission fut si glorieuse pour le docteur Roche, que je ne puis m'empêcher de faire connaître en peu de mots l'affaire qui la provoqua.

L'alambic était si imparfait à la fin du XVIIIe siècle, qu'il fallait distiller le vin à plusieurs reprises, pour obtenir les divers degrés de spirituosité de l'alcool.

Représentez-vous une chaudière ronde , surmontée d'un chapiteau, communiquant, par un tuyau, à un serpentin placé dans un tonneau d'eau froide, et vous aurez l'alambic de cette époque. On peut bien dire avec Chaptal, qu'alors l'art de distiller était encore *dans l'enfance.*

Un homme de génie, Edouard Adam, eut l'idée d'interposer entre la chaudière et le serpentin une série de récipients ovoïdes, se transmettant par autant de tubes de cuivre, la vapeur qui mettait les liquides de ces récipients en ébullition; puis, pour purifier l'alcool, il faisait passer les vapeurs alcooliques du dernier récipient dans des vases immergés dans un bain d'eau froide, où se condensait la vapeur aqueuse qu'il ramenait dans les récipients ou la chaudière, pour être redistillée, tandis que la vapeur alcoolique se rendait au serpentin, où elle se condensait.

Bien que les résultats d'Adam fussent tels que les autres distillateurs ne pouvaient plus lui faire concurrence, on reconnut à son appareil le défaut d'exiger un vaste local, et des sommes énormes pour son installation.

Isaac Bérard produisit plus tard l'appareil suivant :

Il surmonta la chaudière d'un cylindre dont l'intérieur était divisé en compartiments communiquant entre eux. Les vapeurs étaient transmises dans ces *chambres*, et s'étant dépouillées des parties aqueuses, elles passaient dans un condensateur cylindrique, divisé intérieurement par des lames de cuivre en quatre ou cinq chambres, où elles se déphlegmaient de plus en plus. L'appareil de Bérard parut si simple et si avantageux qu'il fut généralement adopté.

Adam cita Bérard devant les tribunaux comme contrefacteur.

L'affaire fut envoyée à des experts parmi lesquels on remarqua les Broussonnet et les Anglada ; on eut même recours aux lumières des Chaptal et des Bertholet, qui ne tranchèrent pas la question.

C'est alors qu'on appela Roche d'Avignon à Montpellier. Arrivé à Montpellier, Roche se recueillit et s'isola pour ne recevoir d'autres influences que celles de ses convictions.

Après une étude approfondie, Roche estima que la substitution d'un cylindre divisé en compartiments communiquants, reproduisait l'idée des cases horizontales, que la soustraction des tuyaux ne constituait pas une dissimilitude ; en un mot, il émit et défendit une opinion opposée à celle des Chaptal et des Bertholet.

Roche justifia l'opinion qu'on avait conçue de lui,

et s'éleva dans l'estime générale à une hauteur d'où il ne descendit plus (1).

La place de médecin de l'Asile des aliénés vint à vaquer par le décès du docteur Fortunet. Roche avait de l'attrait pour les études de psychologie. Il savait que dans le cours paisible des actes qui caractérisent la raison, il est moins facile de saisir les secrets ressorts dont le jeu régulier la forme, l'affermit et l'entretient, que dans les débris de l'entendement. A sa demande, il fut nommé médecin de l'Hospice des aliénés, et put, au milieu de ces ruines de l'intelligence, se livrer à des études de son goût.

A l'époque où le Conseil de santé fut organisé à Avignon, Roche en fut élu président. Il n'avait pas une élocution facile, mais il avait acquis une science solide qu'il tenait en lingots, et qui ne faisait jamais défaut à ceux qui la mettaient à contribution. Il conserva la présidence du Conseil d'hygiène jusqu'à l'époque où, par une mesure générale, le Gouvernement transféra cette présidence aux Préfets des départements ; il continua à en diriger les travaux, en qualité de vice-président, et il fut constamment assidu aux séances de ce Conseil jusqu'à la fin de sa vie.

(1) Malgré tout le bon droit d'Edouard Adam, malgré les savants et généreux efforts du chimiste Anglada et du docteur Roche, qui publièrent des mémoires extrêmement remarquables pour démontrer la justice de la cause d'Edouard Adam, il succomba dans une lutte qui dura plusieurs années, et dans laquelle des hommes placés dans une position élevée ne craignirent pas de compromettre leur caractère, en appuyant des prétentions injustes. (Girardin, biographie d'Ed. Adam).

On érige actuellement par souscription, à Montpellier, une statue à Ed. Adam.

Il est fâcheux que la pratique ait absorbé tous les loisirs de Roche et ne lui ait pas laissé le temps d'écrire. Nous aimerions à lire, écrits de sa main, les conseils qu'il nous donnait au début de notre pratique, alors que de sa vieille expérience il éclairait les tâtonnements de nos premiers pas, et qu'il étayait de sa renommée invulnérable notre responsabilité.

Roche avait, à un degré élevé, ce tact qu'on appelle le coup-d'œil médical. Il distinguait de prime abord les maladies où l'art doit intervenir, de celles qu'il faut abandonner à la nature.

Exempt des bassesses de l'envie et des petitesses de l'amour-propre, il était peu de consultations où il ne fut appelé. Plein de déférence pour ses collègues, il écoutait leurs avis avec attention, et proposait le sien avec modestie. Aussi, quel est le médecin qui n'accueillait avec plaisir l'adjonction du docteur Roche dans une maladie grave?

Sa franchise, tempérée par sa bonté, n'allait jamais jusqu'à la rudesse. Modeste et simple, il ne soutenait son opinion qu'avec une grande défiance de lui-même, et savait sacrifier son avis à celui de ses collègues, s'il le croyait meilleur.

Si dans la consultation il reconnaissait une erreur de diagnostic, de nature surtout à entraîner un déraillement dans la thérapeutique, il signalait la fausse route, avec tant de délicatesse, au médecin ordinaire qu'il ne le blessait jamais, et n'atténuait point la confiance du client à son égard. Dans ces occasions, il effaçait le maître pour ne laisser paraître que l'ami.

Fallait-il notifier aux parents du malade un pronostic grave, il avait le talent d'en adoucir l'impression. Sa parole, en harmonie avec son geste et sa physionomie, soutenait les espérances quand il y en avait encore, et s'il n'y en vait plus, il savait admirablement tempérer les craintes.

S'il respectait l'opinion de ses collègues, ce n'était jamais que dans les limites de l'intérêt du malade.

Son urbanité prévenante et son affabilité pleine de décence n'étaient que les ornements de qualités plus précieuses et de vertus plus solides.

Pures comme son cœur, ses lèvres ne furent jamais souillées par la médisance, ni par la calomnie, ni par aucun genre d'obscénités.

La paisible égalité de son humeur lui donnait et lui conservait beaucoup d'amis.

Ce n'est pas seulement à l'Hôpital qu'il donnait des preuves de son désintéressement et de son dévouement aux indigents; il les visitait à domicile, il les accueillait chez lui avec cette expression de bienveillance qu'avait développée un long et fréquent exercice de la charité. Il avait puisé cette charité aux mêmes sources que Vincent-de-Paul et Fénélon; aussi sa main n'hésitait jamais à serrer une main calleuse, et cette poignée de main, jointe à un sourire qui lui était naturel, *soulageait souvent et consolait toujours* le malade qu'il ne pouvait guérir.

Son cœur aimant ne semblait trouver de bonheur que dans le bonheur des autres. Sa bourse s'ouvrait toujours pour le pauvre et largement, mais sans ostentation quand on lui demandait pour une œuvre de charité.

Vers ses dernières années, Roche fut décoré de la croix de la Légion d'honneur par le roi des Français. Le peuple avignonnais lui eût conféré plus tôt cette décoration. Il est vrai que Roche n'était pas homme à faire valoir ses titres auprès du chef de l'Etat.

Le temps lui avait épargné ses ravages, et nous espérions qu'une vie, qui n'avait pas eu de déclin, aurait une durée exceptionnelle. La Providence en avait décidé autrement.

Dans la nuit du 2 au 3 août, Roche fut frappé d'une apoplexie, qui lui laissa assez l'usage de la parole pour pouvoir prononcer notre nom quand nous allâmes le voir. Il était paralysé du bras gauche, mais il nous tendit encore le droit pour nous serrer la main.

Sa mission sur la terre était finie. De la mansarde du pauvre et de l'habitation somptueuse du riche s'élevèrent pour lui les prières de la reconnaissance.

Le calme de ses traits semblait refléter le bonheur anticipé d'un monde meilleur. Arrivé ainsi sur le seuil des deux vies, notre confrère n'avait rien perdu de la sérénité de sa physinnomie.

C'est le 8 août 1855, et dans sa 88e année, que cette belle âme éleva vers son Créateur, son aspiration dernière.

On vit à ses obsèques de quelle estime l'environnaient ses concitoyens. Des hommes de toutes les conditions vinrent déposer un dernier témoignage de reconnaissance sur la tombe de l'homme de bien.

Cette population pleurait un vieil ami.